Bunt bemalte Giebel
unserer Städte. Die ei
Originalität gewinnen.
Der Band «Gemalte I
Gedenkbibliothek und e   ...andmalereien in Berlin
entstanden. Das Buch zeigt 65 Objekte und zusätzliche Detaildarstel-
lungen.
Gritta Hesse erläutert in ihrer Einleitung das neue Genre, das sich zu
einer eigenständigen Kunstform zu entwickeln beginnt.

Gemalte Illusionen

Wandbilder in Berlin

Herausgegeben von Gritta Hesse

Remember Berlin
I hope you'll be back.

Alles Liebe

von Cornelia C. Walte

Berlin, August 1987

Harenberg

Titeletikett: siehe Seite 44

Frontispiz: siehe Seite 96

Das vorliegende Buch ist offizieller Katalog zur Ausstellung der Amerika-Gedenkbibliothek, Berliner Zentralbibliothek (Berlin 1983).

Fotonachweis:
Gruppe Ratgeb: Seite 98/99
Friedhelm Hoffmann: Seiten 73, 84/85, 109, 115, 121, 127
Konrad & Engel: Seite 83
Peter Liebenow: Seiten 18/19, 20, 22, 23, 26/27, 28/29, 69, 71, 81, 86–91, 100, 116–117
Firma Schering: Seite 132/133
Wolfgang Schumann: Seiten 42/43, 111
Klaus Wagener: Seiten 17, 70, 74/75, 92/93, 97, 110, 120/121, 134, 135, 137, 142
Alle übrigen Fotos dieses Bandes stammen von Gritta Hesse.

Die bibliophilen Taschenbücher Nr. 384
5. überarbeitete und ergänzte Auflage 1986
© Harenberg Kommunikation, Dortmund 1983
Alle Rechte vorbehalten
Gesamtherstellung: Druckerei Hitzegrad, Dortmund
Printed in Germany

Inhalt

Statt eines Vorwortes

Entstanden ist das vorliegende Buch anläßlich einer Ausstellung über Wandmalereien in der Amerika-Gedenkbibliothek/Berliner Zentralbibliothek, die in Berlin-Kreuzberg liegt, einem Zentrum der Hausmalereien.

Als ich zum erstenmal mit der Idee bekanntgemacht wurde, in unserem Haus eine Ausstellung zum Thema Hausmalereien zu machen, begrüßte ich diese Unternehmung. Man kennt einige dieser bemalten Fassaden, warum also nicht? Doch als dann, einige Monate später, ganze Bildpassagen vor mir lagen, war ich begeistert wegen der Vielfalt und des optischen Reizes der Objekte. Es schien mir falsch, ihre Vergänglichkeit – denn teilweise vergehen sie ebenso schnell wieder – nur durch eine ebenso vergängliche Ausstellung zu würdigen. Der dauernde Charakter des Buches drängte sich förmlich auf, und so entstand dieses Begleitbuch zur Ausstellung, ein Katalog der in Berlin im Herbst 1982 vorhandenen Malereien an Häusern.

Der Band soll helfen dahinterzukommen, was es auf sich hat mit dieser vor einem guten Jahrfünft in Berlin aufgekommenen neuen Ausdrucksform. Geschieht wirklich etwas durch die neuen Wandmalereien? Das Buch gibt keine Antwort und will sie auch nicht geben. Die Abbildungen und Notizen sollen Hinweis sein auf die Originale, anregen zum Betrachten, zum Erleben von Kunst in der Öffentlichkeit.

Zustande gekommen ist die Ausstellung und dieses Buch durch den unermüdlichen Einsatz der Autorin dieses Bandes, die als Diplom-Bibliothekarin seit Jahrzehnten das Fachgebiet Kunst an der Amerika-Gedenkbibliothek betreut. Hilfen wurden allerdings von vielen Seiten zuteil. Mit Rat, Auskünften und Bildvorlagen standen zur Seite Mitarbeiter des Senators für Bau- und Wohnungswesen, der Bezirksämter, einige Künstler – allen voran die Künstlergruppe Ratgeb – und nicht zuletzt Mitarbeiter des Hauses. Immer wieder wurde auf neue, noch unentdeckte Wandmalereien aufmerksam gemacht.

Natürlich kann man das Buch für sich betrachten, aber es ist auch zu verstehen als ein Wanderbuch, zumindest für Berliner, als ein Leitfaden oder Führer durch «Gemalte Illusionen».

Peter K. Liebenow
Direktor der Amerika-Gedenkbibliothek/Berliner Zentralbibliothek

Einleitung

Ein Bildband wie der vorliegende hätte vor einem halben Jahrzehnt noch nicht entstehen können, weil es Wandbilder, wie sie hier vorgestellt werden, in Berlin noch kaum gab. Zwar haben sich Stadtplaner und Architekten schon früher bemüht, das Stadtbild durch Farbe neu zu beleben, sowohl bei der Restaurierung alter, vom Kriege verschont gebliebener Bauwerke, als auch durch farbige Elemente an Neubaufassaden. Sie wurden aber weitgehend der Architektur untergeordnet. Freie Giebelwände wurden entweder gar nicht oder zu Reklamezwecken genutzt. Ein Teil dieser Wände verdüstert noch heute die engen Höfe in Altbauvierteln oder macht in Abrißgebieten weithin sichtbar, wieviel hier noch zu tun bleibt. Der Bezirk Kreuzberg ist ein charakteristisches Beispiel.

Wie sah es in den ersten Jahren nach dem Zweiten Weltkrieg aus? Die Zerstörung ganzer Stadtteile und eine katastrophale Wohnungsnot machten den Wiederaufbau im Schnellverfahren und mit billigsten Mitteln notwenig. Kein Wunder, daß in dieser Phase ästhetische Gesichtspunkte nur eine sehr untergeordnete Bedeutung hatten. Für sorgfältige Überlegungen, wie das Stadtbild in der Zukunft aussehen sollte, war weder Zeit noch Geld vorhanden. Die Hauptsache war, daß es «wieder aufwärts ging», und dafür waren die rege, aber ziemlich wild wachsende Bautätigkeit und die angebotenen Konsumgüter Beweis genug. Die Ansprüche der Bevölkerung waren noch recht bescheiden.

Die immer wieder gefährlich sich zuspitzende politische Situation Westberlins in der Zeit des Chruschtschow-Ultimatums und des Mauerbaues konnte die Bürger der Stadt kaum aus der Fassung bringen. Erst die nachwachsende Generation sah die Stadtentwicklung mit kritischeren Augen, und dies war, wie man heute zugeben muß, auch dringend notwendig, wollte man sich nicht mit einer immer monotoner und gesichtsloser werdenden Stadtlandschaft abfinden.

Ein Blick auf Amerika macht deutlich, daß sich dort seit längerer Zeit eine sehr volkstümliche «Street-Art»-Bewegung entwickelt hat, die das Gesicht der Städte entscheidend mitprägt. Sie hat ihre Vorläufer in der mexikanischen Monumentalmalerei und in den Wandbildern der Zeit des New Deal, die im Künstlerförderungsprogramm Roosevelts verwirklicht worden waren. Die heutigen Bilder sind teils professionell perfekt gemalt, ähnlich den dort traditionellen überdimensionalen Reklamebildern, teils aber auch Laienmalereien im Umkreis einer sehr lebendigen Subkultur. Die Inhalte sind in beiden Bereichen realistisch-sozialkritisch oder phantastisch-illusionistisch, ähnlich wie die in jüngster Zeit auch in Europa entstandenen Bilder. Im Bundesgebiet tauchten sie bisher hauptsächlich in Bremen, Hamburg, Düsseldorf, darüber hinaus in Berlin auf.

Ist demnach dieses Genre der Malerei nur eine Modeerscheinung? Wohl kaum. Eher kann man annehmen, daß hier wie dort ein elementares Bedürfnis an die Öffentlichkeit drängt: eine Gegenwelt zu einer allzu starren, funktional bestimmten Architektur zu entwickeln in einer Bildersprache, die unmittelbar verständlich ist und sowohl der Phantasie wie auch der Kritik wieder mehr Raum gibt.

In Berlin hat sich die Stadtbemalung recht spät, aber mit einer erstaunlichen Vehemenz durchgesetzt, hauptsächlich in den Sanierungsgebieten der Innenstadtbezirke, und zwar auf mehreren Ebenen: in den vom Land Berlin öffentlich geförderten Großprojekten, den Aufträgen von Firmen, Wohnbaugesellschaften und Hauseigentümern, und in den spontanen Malaktionen von Hausbewohnern, Bürgerinitiativen und Schulklassen. Vieles ist in Bewegung geraten. Zwar geht das nicht immer gut zusammen, denn die Aktivitäten einer Seite werden von den anderen nicht immer kritiklos akzeptiert. Aber schließlich wollen alle dazu beitragen, daß sich Berlin wieder belebt. Die Bewohner wollen sich mit ihrem Kiez identifizieren können und mitbestimmen, welches Gepräge ihre Häuser, Straßen und Plätze erhalten. Es besteht kein Zweifel, daß die Stadtplaner, Architekten und Hauseigentümer schon einiges aus den Aktivitäten der Bürger gelernt und die früher geübte «Kunst-am-Bau»-Praxis einer unverbindlichen Dekoration ohne vorherige Befragung der Betroffenen schon weitgehend geändert haben. Auch die Toleranz gegenüber den Eigeninitiativen und verschiedenen sozialen Gruppen, die die Öffentlichkeit auf ihre Probleme aufmerksam machen wollen, scheint größer geworden zu sein, sonst hätten sich ihre Malereien und Graffiti nicht so zahlreich entwickeln können.

Ein Stadtteil wie Kreuzberg mit starken sozialen und politischen Spannungen bringt nicht nur täglich neuen Zündstoff, sondern auch die größte Zahl von Mauerbildern hervor. Dies ist ein Beweis dafür, daß sich in einem solchen Bezirk eine starke Kommunikation zwischen den Bewohnern entwickelt, denn ihre Malereien sind immer Gemeinschaftsarbeiten, ganz gleich, ob sie ein Ausdruck des Protestes oder schöner Illusionen sind.

Das vorliegende Buch kann von den spontanen Malereien nur einen kleinen Teil wiedergeben. Denn ihre technische Qualität ist häufig so schlecht, daß sie nur eine kurze Lebensdauer haben. Aber ihre Zahl ist unübersehbar groß, und täglich kommen neue hinzu, ähnlich wie bei den Graffiti. Außer den bisher genannten Aktivitäten gibt es nicht wenige Beispiele für eine Gemeinschaftsarbeit zwischen Künstlern und Laiengruppen. Hier ist besonders die Arbeit der sozial engagierten Gruppe Ratgeb hervorzuheben. Sie regt sowohl Kinder und Jugendliche, als auch Instandbesetzer und Strafgefangene zur Kreativität an, nicht zuletzt, um auch deren Lebensraum besser kennenzulernen. Die bisher ausgeführten kollektiven Arbeiten heben sich durch gute künstlerische Qualität deutlich von denen reiner Laiengruppen ab. Ähnliches kann auch von den Malaktionen ganzer Schulklassen berichtet werden, in denen Kinder unter der Anleitung ihrer Lehrer lernen, sich selbst darzustellen und gemeinsam ganze Bildergeschichten an die Wände zu malen. Hier ist die künstlerische Aktion ein ebenso großes Erlebnis wie das fertiggestellte Bild.

Ein besonderes Beispiel: Ein Miethaus wurde von einem privaten Eigentümer renoviert. Dabei sollte eine große Giebelwand im Hof, der einen schönen Spielplatz umgrenzt, einfarbig im Ockerton angestrichen werden. Spontan machte eine dort ansässige Künstlerin einen kühnen Bildentwurf, der den Bewohnern und der Hausbesitzerin gleichermaßen gut gefiel. Alle wollten ihn gemeinsam ausführen. Aber es fehlte an Geld für das Gerüst und die Farben. Nach längeren Bemühungen gelang es, eine Wohnbaugesellschaft zu finden, die die vergleichsweise geringen Kosten übernahm.

Wandbilder in Ostberlin: In allen Diktaturen unseres Jahrhunderts wurde politische Umerziehung mit Hilfe von politischen Wandbildern und Spruchbändern betrieben, um die neue Ära zu idealisieren. Das war anfangs auch in der DDR üblich. Die offizielle Tendenz der Kunst des sozialistischen Realismus beherrschte lange Zeit die Kunstlandschaft. Es hat den Anschein, als sei man ihrer nun allmählich überdrüssig geworden, denn die Themenwahl ist in den letzten Jahren freier geworden, zum Teil allerdings frei bis zur totalen Unverbindlichkeit. Dies spiegeln die großformatigen, sehr glattgemalten Wandbilder fast alle wider. Sie leuchten einem schon von weitem entgegen, sagen aber wenig aus über die Träume oder inneren Proteste der Menschen, die dort leben. Daß sie gelegentlich einfallsreich oder witzig sein können, zeigt das Beispiel des gemalten Oranienburger Tores an der Friedrichstraße und auch die Malerei in einem Hinterhof der Invalidenstraße.

Im weitesten Sinne betrachtet, spiegeln alle Bilder des vorliegendes Buches, ob professionell oder naiv gemalt, Illusionen wider. Sie lassen vergessen, daß der Bildträger fast immer eine ungegliederte große Fläche ist. Die Bilder überraschen, verblüffen oder erschrecken manchmal, wenn man ihnen unerwartet und zum erstenmal begegnet. Kennt man ein solches Bild bereits, begrüßt man es wie einen alten Bekannten, unter Umständen schon beim Blick aus dem Fenster oder bei der täglichen Fahrt zur Arbeitsstelle. Denn diese großformatigen Malereien gewinnen im Stadtbild eine suggestive Anziehungskraft, bei jedem Wetter und zu jeder Tageszeit. Die Wirkung der Bilder hängt mit ihrem Kontrast zum Standort zusammen, je nachdem wie stark im Bild realistische Elemente mit phantastischen durchsetzt sind.

Schon einfache kulissenhafte Architekturmalereien können illusionistische Wirkungen hervorrufen. Sie werden selbst da erzielt, wo sich Fenster und Dekor der Fassade als Malerei an der Giebelwand fortsetzen, manchmal nostalgisch verschönt. Aber meist sind sie viel raffinierter. Ein brutal vergrößerter Reißverschluß reißt eine unverputzte Mauer auf und zeigt dahinter eine verblüffend realistisch gemalte Gründerzeitfassade. Eine Schulhofwand wird durch eine gemalte Konstruktion aus Stahl und Glas in einen Freiflugraum für Riesenvögel verwandelt. Ein enger dunkler Innenhof innerhalb eines Altberliner Miethauskomplexes wird durch ein gemaltes Renaissance-Portal selbst zum Atrium eines alten Palazzo, hinter dem der blaue Himmel und eine grüne Landschaft zum Hinaustreten verlocken. Diese Aufzählung könnte man noch lange fortsetzen, so zahlreich sind diese Bilder. Aus der Nähe oder der Ferne betrachtet, werden sie immer zum Blickfang.

Symbolträchtig sind die Bilder, die eine erträumte Idylle vor Augen führen, ganz besonders in den naiven Bildern. Da fehlt nie der blaue Himmel, mit oder ohne weiße Wölkchen, manchmal auch mit Regenbogen oder einer besonders groß gemalten Sonne. Und natürlich sind da immer Bäume und Blumen, vor allem Sonnenblumen, manchmal auch Vögel oder große Tiere in paradiesischem Frieden einträchtig beieinander. Alles scheint nur Harmonie und Lebensfreude auszudrücken. Aber Vorsicht: Häufig genug stehen gerade diese Bilder in hartem Kontrast zu ihrer trostlosen Umwelt. Deshalb lösen sie beim ortsfremden Betrachter kaum das Gefühl der Überlegenheit und die Feststellung aus, daß dies alles recht trivial sei. Sie machen in der Umgebung, in der man ihnen begegnet, eher betroffen. Das kann man auch von dem einzigen Beispiel naiver türkischer Malerei sagen, dem hier der Titel «Istanbul an den Mülltonnen» gegeben wurde.

Aber es gibt auch zu diesem Themenkreis Beispiele, gerade bei den perfekt gemalten, die man eher kritisch betrachten möchte. Warum müssen in sich gegliederte Neubaukomplexe, die aufgelockert in einem mit Bäumen bepflanzten Freiraum stehen und kaum freie Flächen zur Bemalung aufweisen, unbedingt mit Bäumen und anderen Zutaten dekoriert werden? Hier erscheint die Bemalung überflüssig. Sie stört den architektonischen Gesamteindruck.

In engem thematischem Zusammenhang mit gemalten idyllischen Landschaften stehen auch sehr poetische Bilder, die, äußerst behutsam gemalt, den Eindruck von Schwerelosigkeit vermitteln. Der

Blick wird auf einen blaßblauen Himmel gelenkt, in dem Ballons oder phantastische Flugschiffe zu schweben scheinen oder Artisten ihre Kunststücke vorführen. Auch der fliegende Mensch nach einer Vision von Leonardo da Vinci fehlt nicht. Von solchen Bildern ist der Weg zu Märchenillustrationen nicht weit, die mitunter in den engen Höfen von Wohnhäusern zu finden sind. Ebenfalls nostalgisch, aber weniger phantastisch geprägt sind Bilder, die an Berlins Vergangenheit erinnern, als das Leben noch «gemütlicher» war, Autos, Eisenbahnen und Flugzeuge noch große Faszination besaßen und kaum die Luft verpesteten und die einzelnen Stadtteile noch ein fast dörfliches Gesicht hatten. Diese Bilder fordern zum Vergleich mit dem heutigen Stadtbild heraus und leiten zu den sozialen und politischen Umweltthemen von heute über.

Aber in den monumentalen Wandbildern gibt es nur wenige Beispiele dafür. Der gefährdete Baum in der Stadtlandschaft tritt nur im Siegmundshof und in der Pritzwalker Straße in Erscheinung, die heile und die zerstörte Umwelt in der Gegenüberstellung nur in einer Schülerarbeit an einer Kreuzberger Schule. Um so aktiver greifen Hausbesetzer und einzelne Bürgerinitiativen in die Gestaltung der Wände ein und malen oder schreiben ihre Kampfansagen auf jeden verfügbaren Platz. Ihr Protest richtet sich gegen Umweltvernichtung, Hausräumung, Polizeieinsatz, Bau von Atomkraftwerken und andere brisante Themen von heute. Sie sind aber nur selten bildwirksam. Deshalb steht hier stellvertretend für vieles, das sich öffentlich äußern möchte, allein das große Doppelwandbild in der Anhalter Straße, dem die Künstler den Namen «Modell Deutschland» gaben. Auch in der politischen Diskussion stehen Hoffnungen und Enttäuschungen nahe beieinander.

Was die Berliner heute bewegt, läßt sich auf vielfältige Weise aus den Wandbildern ablesen. Man darf gespannt sein, wie sie sich in den kommenden Jahren entwickeln werden.

Die Wandbilder

Kochstraße 15

Titel des Wandbildes: Hoffnung der Chilenen.
Entwurf und Ausführung: Chilenische Künstlergruppe «El Frente».
1979.

Auftraggeber: Land Berlin

17

Diese und die vorhergehende Doppelseite:

Anhalter Straße 7
«Haus KuKuCK», Zentrum der Hausbesetzer-Szene in Kreuzberg.

Titel des Doppelwandbildes: Modell Deutschland.
Entwurf: Christoph Böhm, Marilyn Green, Rainer Warzecha. 1981.

Diese und die folgende Doppelseite:

Admiralstraße

Malereien von den Besetzern verschiedener Häuser am Rande eines Sanierungsgebietes.

Text Seite 22

Diese und die vorhergehende Doppelseite:

Fraenkel-Ufer 3

Malereien von Hausbesetzern.

Straßenseite

Hofseite

Die Mauer
zwischen Mariannenplatz
und Potsdamer Platz
in der Bemalung des Jahres 1985

Trebbiner Straße/
Tempelhofer Ufer

Giebelwandbild am
Museum für Verkehr und
Technik Berlin.
Entwurf:
Klaus Büscher. 1982.

Auftraggeber:
Land Berlin

Kreuzbergstraße 23
Innenhof.

Thema des Bildfrieses: Orientalisches Märchen (2 Details).
Entwurf und Ausführung: Niko Schulz. Um 1979.

Auftraggeber: Land Berlin

Cuvrystraße 21
Offener Hof, wahrscheinlich von türkischen Bewohnern bemalt.

Unser Titel: Istanbul an den Mülltonnen

Rechts:

Cuvrystraße 16
Innenhof eines restaurierten Altbaukomplexes.

Tiermalereien von Kindern des Hauses. 1982.

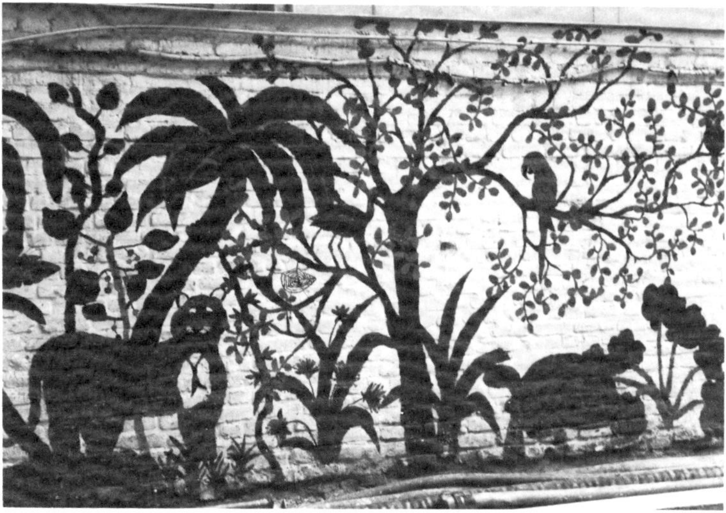

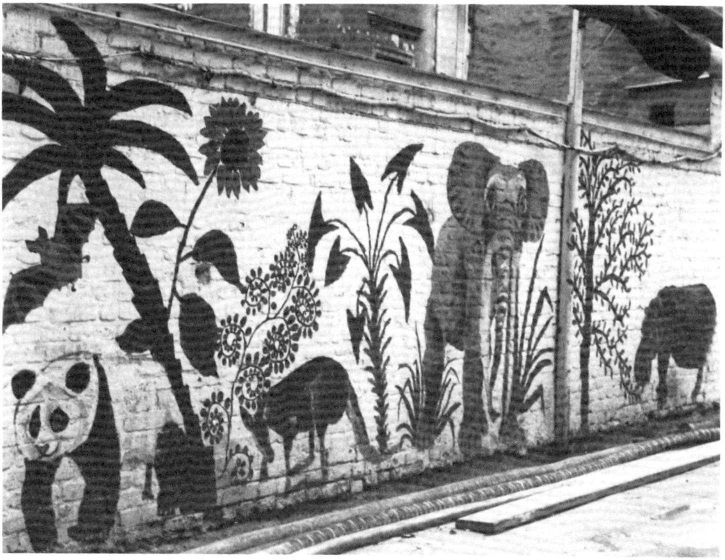

Diese und die vorhergehende Doppelseite:

Manteuffelstraße 78
Hunsrück-Grundschule

Thema des Giebelwandbildes im Schulhof: Landschaft mit Ballons.
Entwurf und Ausführung: Michael Helmsen, Ingrid Jacobsen, Herbert
Müller, Jörg Westerheide. 1978.

Auftraggeber: Land Berlin

Ohlauer Straße 12–14
Gerhart-Hauptmann-
Oberschule (Giebelwand mit
vorspringender Fassade).

Gemalte Metall- und
Glaskonstruktion mit
Riesenvögeln und Fußbällen.
Entwurf:
Hans-Dieter Wohlmann. 1981.

Auftraggeber: Land Berlin

Tempelhofer Ufer 20
Am Ausgang des U-Bahnhofes Möckernbrücke.

Giebelwandbemalung des dicht angrenzenden Hauses: eine aufgehängte Fassade, die den Blick in eine grüne Landschaft freigibt.
Entwurf: Irene Niepel. 1981.

Auftraggeber: Land Berlin

Gneisenaustraße 80/Schleiermacherstraße

Gemälde nach einem Gedicht von Nazim Hikmet:
    Leben
    einzeln und frei
    wie ein Baum
    und brüderlich
    wie ein Wald
    ist unsere Sehnsucht
Der Text erscheint in deutscher und türkischer Sprache unter dem Bild.
Entwurf und Ausführung: Akbar Behkalam. 1981.

Auftraggeber: Land Berlin

Blücherstraße 46/
Fontane-Promenade
Gesamtschule
Carl von Ossietzky.

Thema des Doppelwandbildes:
Heile und verschmutzte
Umwelt in einer
Gegenüberstellung.
Schülerentwurf im Rahmen
eines Wettbewerbes. 1977.

Auftraggeber: Land Berlin

49

Muskauer Straße 33
Ausbildungswerk Kreuzberg.

Fassadenmalerei zum Thema Ausbildung in den drei Berufen:
Heizungs- und Sanitärinstallation, Elektrotechnik und Tischlerei
(2 Details).
Entwurf und Ausführung: Werner Steinbrecher und Werner Brunner
(Gruppe Ratgeb). 1982.

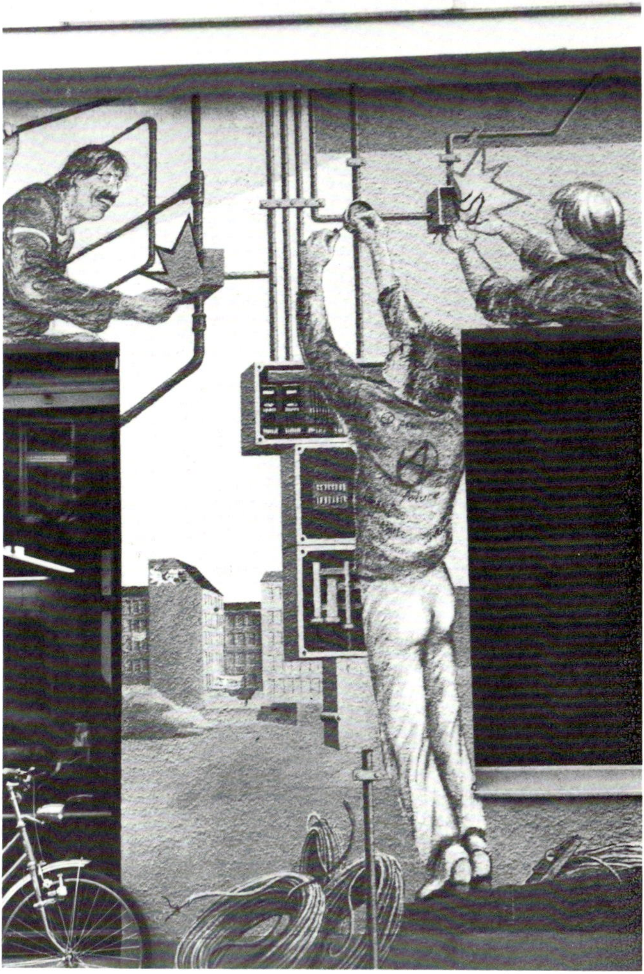

Wilmsstraße 14/Carl-Herz-Ufer

Gemalter Tante-Emma-Laden.
Entwurf: Debra Schläfer. 1982.

Auftraggeber: Land Berlin

53

Richardstraße 99
Innenhof.

Thema des Wandbildes: die
Geschichte von
Böhmisch-Rixdorf. Es soll an
die ersten Einwanderer aus
Böhmen erinnern.
Entwurf und Ausführung:
Paul Blankenburg, Werner
Brunner, NIL Fricke, Bernd
Micka, Werner Steinbrecher
(Gruppe Ratgeb). 1980.

Auftraggeber:
Hauseigentümer

Donaustraße 88 a
Jugendfreizeitheim «Focus».

Wandbild mit rotem Drachen.
Entwurf:
Barbara Quandt. 1979/80.

Auftraggeber: Land Berlin

Schandauer Straße 15–17

Drei Giebelwände, davon eine im Innenhof, mit verschiedenen Artisten-
motiven bemalt.
Entwurf: Jürgen Brodersen. 1981.

Auftraggeber: Gemeinnützige Wohnungsgenossenschaft Neukölln eG

Innenhof

Bilderläuterungen Seite 58

Alboinstraße 1/Schöneberger Straße 25

Giebelwandbild mit Litfaßsäulen
und Straßenlaternen.
Entwurf: Bettina Bergese-Downes.
1976.

Auftraggeber: Vereinigte
Verkehrsreklame
(VVR-Berek)
der Berliner
Verkehrsbetriebe
(BVG)

Geneststraße 5/Sachsendamm 37
Berufsamt Berlin (Ausbildungsstätten).

Giebelwandbild unter Einbeziehung des Gemäldes von Oskar Schlemmer: «Konzentrische Gruppe». 1925.
Entwurf: Klaus Dubois und Gerd Wulff. 1982.

Auftraggeber: Gewerbesiedlungs-GmbH.

Bülowstraße 50/
Yorkstraße 43
Innenhof eines großen
Altbaukomplexes, zu einem
Spielplatz neu gestaltet.

Thema des Giebelwandbildes:
Seiltänzer über einer
grünen Landschaft.
Entwurf: Ursula Jäschke.
Ausführung gemeinsam mit
Hausbewohnern. 1982.

Finanzierungshilfe:
Neue Heimat

Grunewaldstraße 2
Hochschule der Künste

Mauerbemalung von Studenten der Hochschule als Protest gegen eine
mögliche Schließung des Fachbereiches Werken

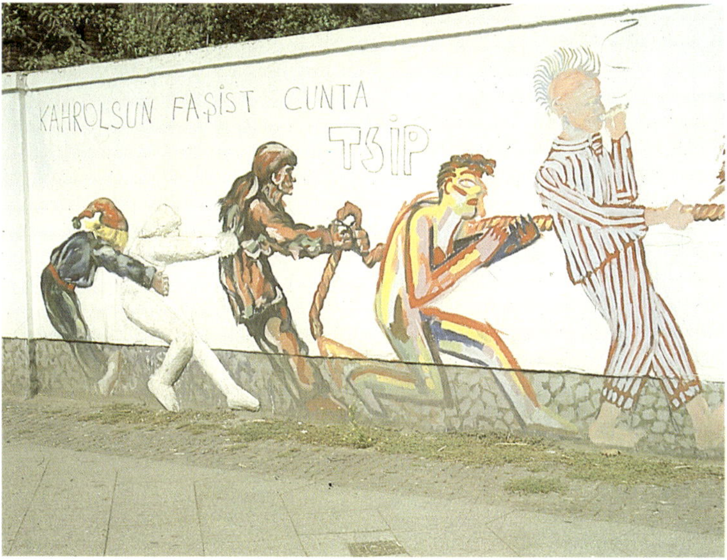
KAHROLSUN FAŞİST CUNTA
TSİP

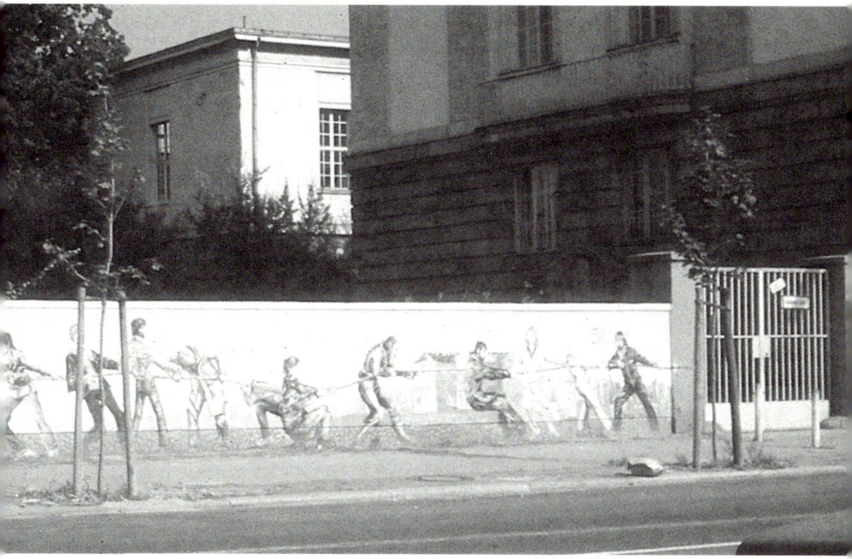

Landshuter Straße 22/Rosenheimer Straße

Thema des Wandbildes: Alte Ansicht des benachbarten Bayerischen Platzes.
Entwurf: Christine Nestler. 1980.
Ausführung: Rafael Serrano und Erich Weger.

Auftraggeber: Deutsche Bau- und Siedlungs-GmbH (DEBAUSIE)

Menzelstraße 7

Giebelwandbemalung an einem Kinderspielplatz.
Thema: Landschaft mit Regenbogen.
Entwurf und Ausführung: Ulrike Hogrebe. 1979.

Auftraggeber: Hauseigentümer

73

Diese und die
folgende Doppelseite:

Klüberstraße 26–31
Wohnblock in einer
Neubausiedlung.

Themen der Wandbemalung:
Architektur und Natur.
Entwurf:
Architekt Erhard W. Suck.
Ausführung:
Gert Neuhaus. 1977.

Auftraggeber:
Arbeitnehmer-Wohnheim-
baugesellschaft mbH

Text Seite 74

Text Seite 74

Lepsiusstraße 26–28/Treitschkestraße
Schmidt-Ott-Oberschule

Titel des Giebelwandbildes: «Spree-Athen».
Das Bild zitiert ironisch die klassizistische Vergangenheit Berlins.

Entwurf: Peter de Longueville. 1982.

Auftraggeber: Land Berlin

Potsdamer Straße 50/Königstraße 1

Thema des Wandbildes: Landschaft heute.
Entwurf: Siegfried Kischko. 1980.

Auftraggeber: Berliner Wohn- und Geschäftshaus GmbH (BEWOGE)

81

Bundesallee 29/Güntzelstraße
ADAC-Hotel (Innenhof).

Titel des Wandbildes: Rückspiegel (75 Jahre ADAC).
Entwurf: Peter Koehne.
Ausführung: Peter Koehne und Oskar Gonschorr. 1979.

Auftraggeber: ADAC

Blissestraße 65/Detmolder Straße

An der Giebelwand: Gemaltes Kirchenfenster, in abstrakte Bildkomposition eingefügt.
Entwurf: Manfred Henkel. 1979/80.

Auftraggeber: Hauseigentümer/Land Berlin

85

Diese und die vorhergehende Doppelseite:

Emser Straße 49–52/Düsseldorfer Straße
Schule.

Bemalte Doppelgiebelwand: Motive nach Erfindungen von Leonardo
da Vinci.
Entwurf: Manfred Blieffert. 1981.

Auftraggeber: Land Berlin

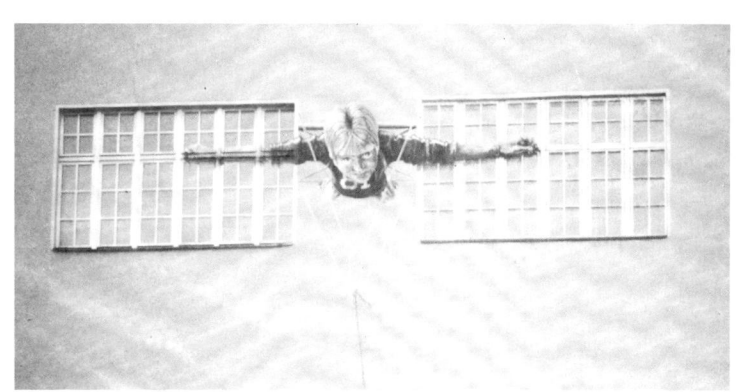

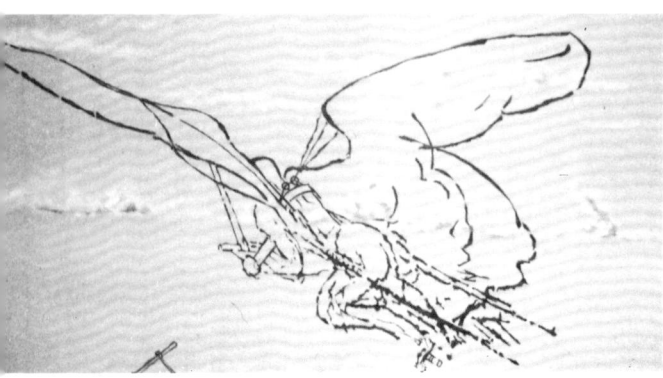

Text Seite 88

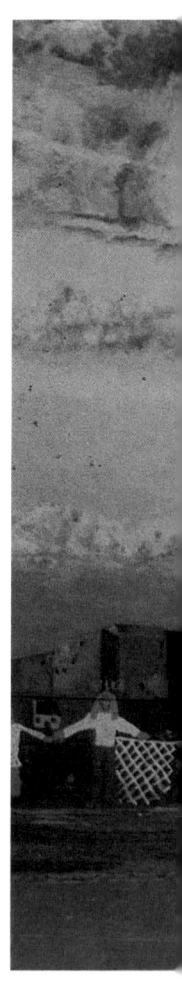

91

Bleibtreustraße 7

Giebelwandbemalung, nur sichtbar vom S-Bahnhof Savignyplatz aus.
Thema des langgestreckten Bildes: Eisenbahn-Lokomotive.
Entwurf: Architekt Hans-Dieter Bolle. 1976.

Auftraggeber: Allgemeine Treubau-Wohnungsgesellschaft

Hebbelstraße/Fritschestraße
Gebäude des Umspannwerkes
der BEWAG.

Thema des Giebelwandbildes:
BEWAG-Verspannung.
Entwurf und Ausführung:
Gert Neuhaus. 1979.

Auftraggeber: Berliner Kraft-
und Licht-AG (BEWAG)

Zillestraße 98–100
Innenhof.

Das Giebelwandbild zeigt einen geöffneten Reißverschluß, der eine
ebenfalls gemalte Gründerzeitfassade freilegt.
Entwurf und Ausführung: Gert Neuhaus. 1979.

Auftraggeber: Wohnbau-Gesellschaft Krogmann

Nachfolgende Doppelseite:

Nehringstraße/Neufertstraße
Besetztes Haus.

Thema der Fassadenbemalung: Selbstdarstellung der Instandbesetzer.
Gemeinschaftsarbeit unter künstlerischer Anleitung der Gruppe Ratgeb. 1981.

TEXTILIEN

Kaiser-Friedrich-Straße 100

Titel des Wandbildes: Kupplungsscheibe
mit Farbkreissegment.
Entwurf: Peter Koehne. 1981.
Ausführung: Peter Decker.

Auftraggeber: Hauseigentümer
in Verbindung mit Fa. Decker

Bismarckstraße 77/Rückertstraße 1

Thema des Wandbildes: Illusionistisch gemalte Architektur.
Entwurf: Gert Felgendreher. 1982.
Ausführung: Rafael Serrano und Erich Weger.

Auftraggeber: Land Berlin

Pestalozzistraße/Kaiser-Friedrich-Straße

Konstruktivistische Lösung für die Bemalung von zwei Giebelwänden,
die im rechten Winkel zueinander einen Freiplatz an einer Straßenkreu-
zung beleben.
Entwurf: Christian Hage.
Ausführung: Gert Neuhaus und Mitarbeiter. 1985.

Auftraggeber: Land Berlin

Saldernstraße 5–7 / Knobelsdorffstraße
Firma Opel-Hetzer.

Bemalung der Fassade mit Oldtimer-Auto und anderen nostalgisch
geprägten Motiven.
Entwurf: Roland Stegemann. 1982.

Auftraggeber: Opel-Hetzer

Spandauer Damm 111–113
Innenhof.

Giebelwandbild: Renaissance-Portal mit Ausblick auf eine Landschaft,
daneben ein kleiner Laden.
Entwurf: Gert Neuhaus. 1982.

Auftraggeber: Hausbesitzer

Lietzensee-Ufer 11
Hotel Seehof.

Thema des Wandbildes an der See-Seite: Südliche Landschaft.
Entwurf und Ausführung: Gert Neuhaus. 1979/80.

Auftraggeber: Hotel Seehof

109

Meerscheidtstraße 3–5, Innenhof hinter dem Haus der Malerfirma Rahmfeld
(nicht öffentlich zugänglich).

Thema des Wandbildes: Ausblick auf Bäume und Himmel.
Entwurf: Gert Neuhaus. 1978.

Auftraggeber: Firma Rahmfeld

Rechte Seite:

Weimarer Straße 6, Innenhof.

Illusionistische Architekturverfremdung (nur sichtbar von der Schiller-
straße aus). Entwurf: Gerhard Andrées. 1980/81.

Auftraggeber: Hauseigentümer

111

Tegeler Weg 107

Titel des Giebelwandbildes: Umfeld der Mitte. Veränderte Sichtachsen. Entwurf und Ausführung: Gerhard Andrées. 1983.

Auftraggeber: Land Berlin

113

Kantstraße 138

An der Giebelwand: Illusionistische Malerei unter Einbeziehung der Werbung für die Firma Foto-Leisegang.
Entwurf: Ute und Gert Felgendreher. 1979.

Auftraggeber: Hauseigentümer und Firma Foto-Leisegang GmbH

Hardenbergstraße 34/Steinplatz, Technische Universität, Mensa-Hof.

Titel des Fassadenbildes: Ikarus.
Entwurf und Ausführung: Chilenische Künstlergruppe «El Frente».
1979.

Auftraggeber: Studentenwerk der Technischen Universität

Münsingerstraße 2
Lily-Braun-Schule

Giebelwandbild mit Motiven aus dem Schulbereich.
Entwurf: Hans-Christian Kuhnow. 1982.

Auftraggeber· Land Berlin

Kolk 6
Wohnhaus des Künstlers Manfred Henkel.

Giebel- und Fassadenbemalung.
Entwurf und Ausführung: Manfred Henkel. 1974.

Text Seite 122

Wiesenstraße 44

Bemalte Giebelwand an der durch Nord-Berlin fließenden «Panke»:
abstrakte Darstellung von Himmel und Panke.
Entwurf: Peter Koehne.
Ausführung: Peter Koehne und Oskar Gonschorr. 1977.

Auftraggeber: Wohnungsbaugesellschaft GeSoBau

Vorhergehende Doppelseite:

Alt-Wittenau 53/Triftstraße

Thema des Giebelwandbildes: Alt-Wittenau.
Entwurf: Peter Koehne.
Ausführung: Peter Koehne und Oskar Gonschorr. 1980.

Auftraggeber: Hauseigentümer
und Sparkasse der Stadt Berlin

Pankstraße 18–19
Schule.

Zwei Giebelwände mit Buchstaben-Kompositionen.
Entwurf: Hansi Sprenger. 1981.

Auftraggeber: Land Berlin

Koloniestraße 81

Giebelwand an einem Sportplatz, aus Eternitsteinen gestaltet.
Thema: Aufstellung einer Fußballmannschaft.
Entwurf: Miriam Vogtsberger. 1979.

Auftraggeber: Grundbesitz-Verwaltungs-GmbH

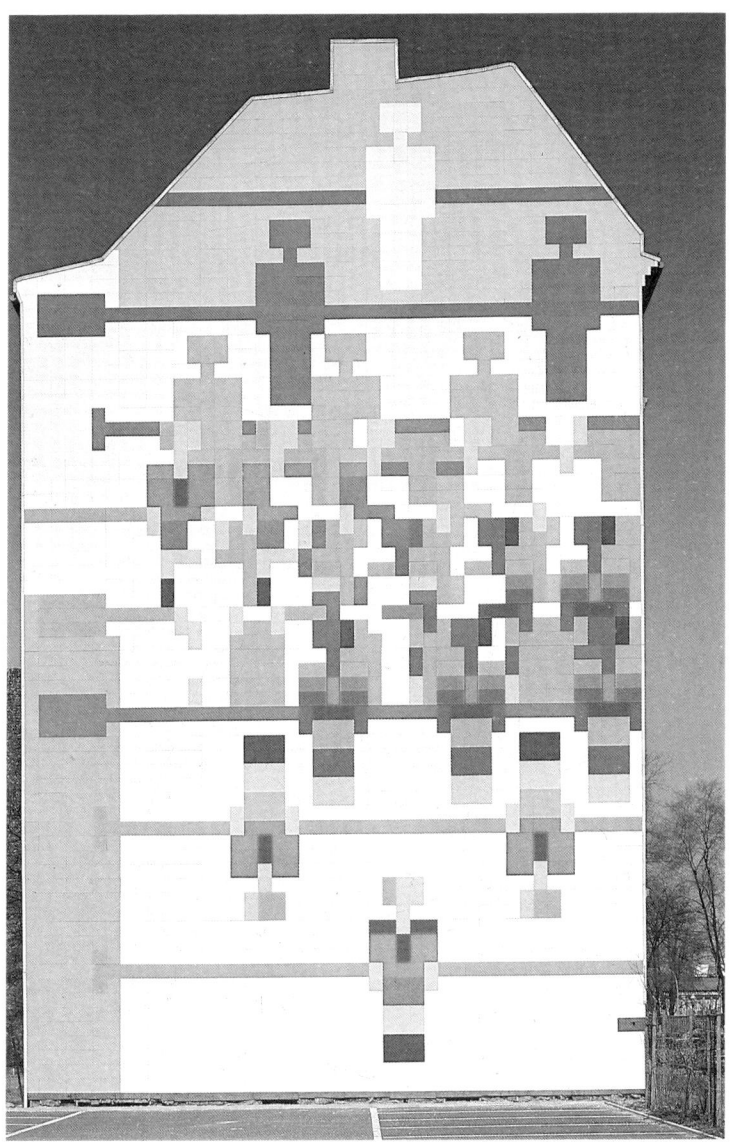

127

Kattegatstraße 26
Andersen-Schule.

Titel des Giebelwandbildes: Rechenmaschine.
Entwurf: Oskar Gonschorr und Hanna Schoenfelder. 1979.

Auftraggeber: Land Berlin

Glasgower Straße 31–33

Giebel- und Fassadenbemalung mit Motiven aus den Schwänken von Till Eulenspiegel.

Entwurf: Koslowski. 1979.

Auftraggeber: Bernhard Koslowski

Diese und die vorhergehende Doppelseite:

Müllerstraße 176–181
Kindergarten für Betriebsangehörige der Schering AG im Werk Wedding, Dachgarten (nicht öffentlich zugänglich).

Bemalte Umfassungsmauer: Wanderzirkus und alte Häuserfassaden mit plastischen Figuren, die von Kindern durch Seilzug bewegt werden können.
Entwurf: Peter Koehne.
Ausführung: Peter Koehne und Klaus Buschenhagen. 1973.

Auftraggeber: Firma Schering

Pritzwalker Straße 16

Titel des Giebelwandbildes: Der zivilisationsgeschädigte Sanierungs-
baum durchstößt die Moabiter Geschichtslandschaft.
Entwurf und Ausführung: Werner Brunner, Paul Blankenburg, Werner Steinbrecher (Gruppe Ratgeb). 1979.

Auftraggeber: Land Berlin

Wiclefstraße 6
Kindertagesstätte

Bemalung der angrenzenden
Giebelwände.
Thema: Der Baum in den
vier Jahreszeiten.
Entwurf und Ausführung:
Monica Henning-Schefold.
1978.

Auftraggeber: Land Berlin

Kurfürstenstraße 87/Budapester Straße
Statistisches Bundesamt.

Giebelwandbemalung: Ornamentale Darstellung von Maschinenteilen,
wie zu einem Schaltplan zusammengefügt. (Durch Bebauung des angrenzenden Grundstücks ist das Bild nicht mehr sichtbar.)
Entwurf: Eduardo Paolozzi. 1976.

Auftraggeber: Land Berlin

Kluckstraße 19/Lützowstraße
Innenhof eines Seniorenwohnheimes.

Titel des Giebelwandbildes: Berlin-Melodie.
Entwurf: Narendra Kumar Jain.
Ausführung: Jain, Meischner, Weger. 1978.

Auftraggeber: Land Berlin

Siegmundshof 21/Straße des 17. Juni

Titel des Giebelwandbildes: Weltbaum – Grün ist Leben.
Entwurf: Peter Janssen, Fritz Köthe, Narendra Kumar Jain, Siegfried
Rischar, Ben Wargin.
Initiator: Ben Wargin. 1975.

Friedrichstraße 115/
Wilhelm-Pieck-Straße

Giebelwandbild:
Das Oranienburger Tor.
(In unmittelbarer Nähe befand
sich das alte Stadttor.)
Entwurf:
Jürgen Beidokat. 1981

Siegfriedstraße 30–35
Giebelwandbild am Straßenbahnhof Lichtenberg.

Entwurf und Ausführung: Lothar Scholz. 1984.

Auftraggeber: Rat des Stadtbezirks Lichtenberg

Invalidenstraße 31

Bemalung eines engen Innenhofes durch Hausbewohner

Rechts:

Leninallee 89

Abstraktes Giebelwandbild.
Entwurf: Robert Rehfeldt. 1980.

148

149

Oderbruchstraße 5/Leninallee

Giebelwandbild mit Wolken, Luftballons und Zitaten von Johannes Bobrowski.
Entwurf: Gertrude Pohl. 1980

151

Allee der Kosmonauten (Marzahn)
Großes Neubaugebiet

Wandbild nach Albrecht Dürer. Um 1980.
Entwurf: Achim Kirchner. 1979.

Rechts:

Ketschendorfer Weg (Marzahn)
Institut für Lehrerbildung «Clara Zetkin».

Bemalung von zwei Giebelwänden und der vorspringenden Fassade.

152

Verzeichnis der Wandbilder in Berlin

Die Liste wurde im Herbst 1982 zusammengestellt. Sie erhebt nicht den Anspruch auf Vollständigkeit. Besonders Laienmalereien ließen sich noch in großer Anzahl hinzufügen.

Die Adressen der Objekte sind innerhalb der Stadtbezirke alphabetisch nach Straßen geordnet. Die Mehrzahl von ihnen wird im Bildteil genauer beschrieben. Deshalb beschränken wir uns bei diesen auf die Straßenangabe und die jeweiligen Seitenvermerke. Lediglich die nicht abgebildeten Wandbilder werden hier ausführlicher beschrieben.

Kreuzberg

Admiralstraße   Seite 22–25

Anhalter Straße 7   Seite 18–21

Askanischer Platz/Schöneberger Straße 2
Siemenshaus.
Abstraktes Wandbild.
Entwurf: Fred Thieler in Zusammenarbeit mit Manfred Henkel. 1976.
Auftraggeber: Firma Siemens

Blücherstraße 46/Fontane-Promenade   Seite 48

Cuvrystraße 16   Seite 36

Cuvrystraße 21   Seite 37

Dresdener Straße 10
Hausfassade der ehemaligen Elefanten Press Galerie.
Titel des Bildes: Türkenpicknick.
Entwurf und Ausführung: Hanefi Yeter und Akbar Behkalam. 1977.
Auftraggeber: Elefanten Press Galerie

Falckensteinstraße 46
Illusionistische Fassadenbemalung.
Entwurf: Rolf Burkart. 1982.
Auftraggeber: Hauseigentümer

Fraenkel-Ufer 3   Seite 26–29

Friedrichstraße/Franz-Klühs-Straße
Auf einem Freigelände zahlreiche Brandmauern mit Bemalungen und
Graffiti.

Gneisenaustraße 80/Schleiermacherstraße   Seite 46

Großbeerenstraße/Kreuzbergstraße 22
Gustav-Stresemann-Oberschule.
Drei bemalte Giebelwände als Triptychon.
Entwurf und Ausführung: Manfred Henkel. 1978.
Auftraggeber: Land Berlin

Großbeerenstraße 60
Innenhof.
In eine ornamental gestaltete Wand ist ein Landschaftsbild eingefügt.
Entwurf und Planung: Katharina Meldner. 1977.
Auftraggeber: Hauseigentümer

Kochstraße 15   Seite 16

Kreuzbergstraße 23   Seite 34

Kreuzbergstraße 25
Eingang zu einem ehemaligen «Jugendladen».
Zur Zeit wird das Haus restauriert. Es ist fraglich, ob das Fassadenbild
erhalten bleibt

Manteuffelstraße 78   Seite 38–41

Die Mauer zwischen Mariannenplatz und Potsdamer Platz   Seite 30–31

Muskauer Straße 33   Seite 50

Ohlauer Straße 12–24   Seite 42

Pücklerstraße 35
Bemalung der Fassade und des Giebels mit Sonne, Himmel und Wolken.
Entwurf: Claudia Nürnbach. 1977.
Auftraggeber: Berliner Morgenpost, AIV und Malerinnung

Solmsstraße 38–40
«Spielbox», eingeschlossen von drei Brandmauern.
Entwurf und Ausführung: Peter de Longueville (Maler),
Barna von Sartory (Bildhauer). 1980.
Auftraggeber: Land Berlin

Tempelhofer Ufer 20   Seite 44

Trebbiner Straße/Tempelhofer Ufer   Seite 32

Waldemarstraße 81
Fassadenbemalung durch Hausbewohner als Protest gegen den geplanten
Abriß des Hauses

Wassertorstraße 4
Musikschule Kreuzberg.
Auf der Giebelwand: Gemalter Stadtplan der Umgebung.
Entwurf: Gisela Schlicht.
Auftraggeber: Land Berlin

Wassertorstraße 59–60
Hofseite eines Neubaukomplexes. Abstraktes Wandbild.
Entwurf: Ohnesorge. 1974.
Auftraggeber: Gemeinnützige Wohnungsbau AG Groß-Berlin
(GEWOBAG)

Wilhelmstraße 9
Tommy-Weissbecker-Haus (Haus für jugendliche Trebegänger)
Fassadenbemalung.
Entwurf: Andy (Hausbewohner).
Ausführung: Hausbewohner unter künstlerischer Betreuung von Werner
Brunner (Gruppe Ratgeb). 1982.

Wilmsstraße 14   Seite 52

Zossener Straße 56/Blücherstraße 22
Gewerbehof der Gewerbesiedlungsgenossenschaft Berlin.
Giebelwandbemalung: Fabrikfenster.
Entwurf und Ausführung: Michael Helmsen, Ingrid Jacobsen, Herbert
Müller, Jörg Westerheide. Um 1977.
Auftraggeber: Gewerbesiedlungs-GmbH

Neukölln

Buckower Damm 91–137
Langgestreckter Neubaukomplex.
Fassaden- und Giebelwandbemalungen mit verschiedenen Motiven aus
Natur und Architektur, u. a. einer Windmühle, die auf ein Wahrzeichen
des Stadtteils hinweist.

Entwurf: Architekt Erhard W. Suck.
Ausführung: Gert Neuhaus. 1977/78.
Auftraggeber: Arbeitnehmer-Wohnheimgesellschaft mbH

Donaustraße 88a   Seite 56

Naumburger Straße 15
Ausbildungszentrum der BEWAG, Hofeinfahrt.
Eine Reihe abstrakter Bilder, entworfen als eine Art Ladenstraße mit Schaufenstern.
Entwurf: Manfred Henkel. 1981.
Auftraggeber: Berliner Kraft- und Licht-AG (BEWAG)

Richardstraße 99   Seite 54

Schandauer Straße 15–17   Seite 58–61

Werbellinstraße/Falkstraße
Neubaublock. An eine Betonmauer gemalter Baum.
Entwurf: Gert Neuhaus. 1979.
Auftraggeber: «Stadt und Land» Wohnbauten-Gesellschaft mbH

Tempelhof

Alboinstraße 1/Schöneberger Straße 25   Seite 62

Groß-Ziethener Straße 26–36 (Lichtenrade)
Bemalte Garagentore.
Entwurf: D. Fritz. Um 1979.

Schöneberg

Bülowstraße 50/Yorkstraße 43   Seite 66

Bülowstraße 54–55
Fassadenbemalung durch Hausbesetzer. 1982.

Bülowstraße 96/97
An der Giebelwand: Als Puzzle gemalte Fragmente einer alten Hausfassade.
Entwurf: Gert Neuhaus. 1982.
Auftraggeber: Neue Heimat

158

Geneststraße 5/Sachsendamm 37   Seite 64

Grunewaldstraße 2   Seite 68

Hohenstaufenstraße 1
Sankt-Franziskus-Schule.
Abstrakte Giebelwandgestaltung.
Entwurf: Bischöfliches Bauamt. 1982.
Auftraggeber: Bischöfliches Ordinariat

Landshuter Straße 22/Rosenheimer Straße   Seite 70

Menzelstraße 7   Seite 72

Steglitz

Gritznerstraße 21–23
Schule.
Giebelwandbemalung: Abstrakte Landschaft.
Entwurf: Ernst-Rainer Lesch. 1980.
Auftraggeber: Land Berlin

Klüberstraße 26–31   Seite 74–77

Lepsiusstraße 26–28   Seite 78

Zehlendorf

Potsdamer Straße 50/Königstraße 1   Seite 80

Wilmersdorf

Blissestraße 65/Detmolder Straße   Seite 84

Bundesallee 29/Güntzelstraße   Seite 82

Emser Straße 49–52/Düsseldorfer Straße   Seite 86–91

Charlottenburg

Bismarckstraße 77/Rückertstraße 1   Seite 101

Bleibtreustraße 7   Seite 92

Goethestraße 12
Thema des Giebelwandbildes: Aufgerissenes Papier.
Entwurf: Kwarz-Gruppe. 1979.
Auftraggeber: Land Berlin

Hardenbergstraße
Presse-Café am Bahnhof Zoologischer Garten.
Wandbild: «Ich hab noch einen Koffer in Berlin.»
Entwurf: Peter Koehne.
Ausführung: Peter Koehne und Oskar Gonschorr
Auftraggeber: BOTAG

Hardenbergstraße 34/Steinplatz   Seite 116

Hebbelstraße/Fritschestraße   Seite 94

Kaiser-Friedrich-Straße 100   Seite 100

Kantstraße 138   Seite 115

Knesebeckstraße 28
Schulhof. Abstraktes Wandbild.
Entwurf: Rolf Fässer. 1976.
Auftraggeber: Land Berlin

Lietzensee-Ufer 11   Seite 109

Meerscheidtstraße 3–5   Seite 110

Nehringstraße/Neufertstraße   Seite 98

Pestalozzistraße/Kaiser-Friedrich-Straße Seite 102–103

straße 5–7/Knobelsdorffstraße   Seite 104

Schloßstraße 27 b
Seniorenwohnhaus Berlin.
Eine Bilderfolge zu dem Thema: Von den zwanziger zu den achtziger Jahren.

Entwurf: Paul Blankenburg, Werner Brunner, NIL Fricke, Bernd Micka, Werner Steinbrecher (Gruppe Ratgeb).
Ausführung in Zusammenarbeit mit Jugendlichen der Jugend-Strafanstalt Plötzensee. 1981/85.

Sophie-Charlotte-Straße 81
Bemalung der Fassade eines besetzten Hauses.
Entwurf: Gruppe Ratgeb.
Ausführung gemeinsam mit Instandbesetzern. 1982.

Wintersteinstraße 20/Charlottenburger Ufer
Illusionistisch gemalte Fassade an der Giebelwand.
Entwurf: Fehr und Partner, Architekten. 1980.
Auftraggeber: Hauseigentümer

Spandau

Seegefelder Straße 35–37 a
Stadtbücherei Spandau.
Thema des Giebelwandbildes: Buchstabensäule im Kornfeld.
Entwurf: Valeska Zabel. 1981.
Auftraggeber: Land Berlin

Reinickendorf

Scharnweberstraße 121
Optiker-Geschäft.

Gestaltung der Fassade: Brillenschlange aus bemalten Kacheln (zum Teil Relief).
Entwurf und Ausführung: Bonanni und Lattermann. 1977/80.
Auftraggeber: Optiker Schmiedeke

Wedding

Bernauer Straße/Ackerstraße
Haus der Versöhnungsgemeinde.
Titel der Bilder: Menschen im Kiez.
Entwurf: NIL Fricke (Gruppe Ratgeb). 1979.
Ausführung gemeinsam mit Gemeindemitgliedern.
Auftraggeber: Versöhnungsgemeinde

Exerzierstraße 15
Innenhof.
Titel des Giebelwandbildes: Der Weg vom Rosenthaler Tor zum Gesund-
brunnen im Jahre 1827.
Entwurf: Buller. 1981.
Auftraggeber: R. u. W. Immobilien

Glasgower Straße 31–33   Seite 130

Kattegatstraße 26   Seite 128

Koloniestraße 81   Seite 126

Müllerstraße 176–181   Seite 132–135

Pankstraße 18–19   Seite 124

Prinzenallee 8–9
Alte kleine Schule.
Illusionistische Giebelwandbemalung in Anlehnung an die architektonische
Gestaltung der Fassade.
Entwurf: Angela Zumpe. 1980.
Auftraggeber: Land Berlin

Schönwalder Straße 17a/Reinickendorfer Straße
Innenhof.
Titel des Giebelwandbildes: Durchblick nach Nord-Berlin.
Entwurf: Peter Koehne.
Ausführung: Peter Koehne und Oskar Gonschorr. 1977.
Auftraggeber: Hochkirch KG

Wiesenstraße 44   Seite 122

Tiergarten

Beusselstraße 44 N–O
Berliner Großmarkt/Fruchthof.
An der Mauer der Einfahrt: Großes Gemüse-Bild.
Entwurf: Siegfried Jeder. 1982.
Auftraggeber: Kaiser's Kaffeegeschäft und Meierei C. Bolle

Kluckstraße 19/Lützowstraße   Seite 142

Kurfürstenstraße 87/Budapester Straße   Seite 140

Pritzwalker Straße 16   Seite 136

Siegmundshof 21/Straße des 17. Juni   Seite 143

Wiclefstraße 6   Seite 138

Mitte (Ost-Berlin)

Friedrichstraße 115/Wilhelm-Pieck-Straße   Seite 144

Invalidenstraße 31   Seite 148

Invalidenstraße 33–35
An der Straßenmauer: Tierbilde
Entwurf und Ausführung: Mal- und Zeichenzirkel der Friedrich-Wolf-
Oberschule

Prenzlauer Berg (Ost-Berlin)

Leninallee 89   Seite 149

Oderbruchstraße 5/Leninallee   Seite 150

Weißensee (Ost-Berlin)

Prenzlauer Promenade 24/Am Steinberg
Giebelwand bemalt mit Schmetterlingen.
Entwurf: Ulrich Städler. 1980

Friedrichshain (Ost-Berlin)

Warschauer Straße 9
Auf der Giebelwand eine gemalte Architekturfassade.
Entwurf: Lutz Brandt. 1980.

Lichtenberg (Ost-Berlin)

Siegfriedstraße 30–35   Seite 146

Marzahn (Ost-Berlin)

Allee der Kosmonauten   Seite 146

Ketschendorfer Weg   Seite 147

Marchwitza-Straße 9
Oberschule.
Rundes Wandbild mit Sportlerinnen

Marchwitza-Straße
Großer Wohnkomplex.
An der Giebelwand: Bild zum Thema Umweltschutz

Rebhuhnstraße, Nähe
Schule.
An zwei Giebelwänden: Abstrakte Landschaft

Köpenick (Ost-Berlin)

Amtsstraße 1/Müggelheimer Straße
Gewellte Giebelwand, bemalt im Op-Art-Stil.
Entwurf: Reinhard Grütz. 1981.

Die bibliophilen Taschenbücher

«Ein verlegerisches Unternehmen, das der Augen- und Sinnenfeindschaft entgegenwirkt, die unser massenmediales Zeitalter so traurig kennzeichnen» (FAZ).

In diesem Programm erscheinen Bücher der Sachgebiete:

Kunst · Kunsthandwerk und Kleinkunst
Plakate und Gebrauchsgraphik · Alte Postkarten
Reklame von gestern · Musik, Theater, Film · Fotografie
Literatur · Alte Kinderbücher · Geschichte
Religion, Glaube, Mythos · Karikaturen und Satiren
Kulinarisches · Erotica · Medizin, Naturwissenschaft, Technik
Architektur und Veduten · Länder, Reisen, Volkstum
Moden, Trachten · Militaria
Geld, Wirtschaft, Recht · Natur und Tiere · Sport und Spiel
Austriaca · Anthologien/Sammlungen

Ein Gesamtverzeichnis der rund 500 bisher erschienenen Bände erhalten Sie bei Ihrem Buchhändler.

Fotografie

Band Nr. 120
*Ludwig A. C. Martin
(Hrsg.)*
**Hundert Jahre
Weltsensationen
in Pressefotos**
365 Seiten, 351 Abbildungen, 14,80 DM

Band Nr. 180
Wolfgang Lauter
Tür und Tor
Zwischen drinnen und draußen. Nachwort von Lore Ditzen. 175 Seiten, 80 farbige Abbildungen, 19,80 DM

Band Nr. 195
Robert Lebeck
In Memoriam
Fotografien auf Gräbern. Einführung von Fritz Kempe. 175 Seiten, 80 farbige Abbildungen, 19,80 DM

Band Nr. 216
Rolf D. Schwarz
Neon
Leuchtreklame in den USA. 112 Seiten, 88 Farbtafeln. 19,80 DM

Band Nr. 217
John Thomson
Street-life in London
Eine Fotoreportage aus dem Jahre 1876. Mit Nachdruck der englischen Kommentare von John Thomson und Adolphe Smith. 181 Seiten, 36 Abbildungen, 14,80 DM

Band Nr. 227
Leopold Reutlinger
Die Schönen von Paris
140 Photographien aus der Belle Époque. Herausgegeben von Nikolaus Neumann. 279 Seiten, 24,80 DM

Band Nr. 275
Wolfgang Lauter
Fenster
Einblicke und Ausblicke. Nachwort von Kyra Stromberg. 163 Seiten, 72 farbige Abbildungen, 19,80 DM

Band Nr. 284
François-Xavier Bouchart
Cafés de Paris
Nachwort von Klaus-Peter Schmid. 93 Seiten, 70 Farbtafeln, 16,80 DM

Band Nr. 324
Nikolas von Safft
**Haltestellen
des Lebens**
S-Bahnhöfe in West-Berlin. 90 Seiten, 73 Abbildungen, 14,80 DM

Band Nr. 351
Klaus D. Appuhn (Hrsg.)
Graffiti
Kunst auf Mauern. Nachwort von Ruprecht Skasa-Weiß. 80 farbige Abbildungen, 184 Seiten, 19,80 DM

Band Nr. 395
Jürgen Spohn
Kommen und Gehen
Treppenhäuser in Berlin. 100 Abbildungen in Farbe, 107 Seiten, 19,80 DM

Band Nr. 399
Wolfgang Lauter
Zäune und Mauern
Wo die eigene Welt anfängt. Mit einem Nachwort von Kyra Stromberg. 80 Abbildungen in Farbe, 162 Seiten, 19,80 DM

Band Nr. 403
Elke Dröscher (Hrsg.)
Kindheit im Silberspiegel
Daguerreotypien aus der Sammlung Elke Dröscher. 80 Abbildungen, 186 Seiten, 19,80 DM

Band Nr. 407
Jürgen Spohn
Oh, Manhattan
Bilder vom modernen Menschen. 149 Abbildungen in Farbe, 156 Seiten, 24,80 DM

Band Nr. 422
Rolf D. Schwarz
Karneval in Venedig
Nachwort von Achatz Freiherr von Müller. 84 farbige Abbildungen, 141 Seiten, 19,80 DM

Band Nr. 428
Jürgen Spohn
**Augenreise
durch die Provence**
Foto-Essay mit einer Einleitung des Künstlers sowie kulturgeschichtlichen Texten und Erläuterungen von Bernhard Pollmann. 133 farbige Abbildungen, 204 Seiten, 24,80 DM

Band Nr. 441
Carin Drechsler-Marx
Bowery
Bilder einer verrufenen Straße. Mit einem Vorwort von Kate Millett. 104 Abbildungen, 169 Seiten, 12,80 DM

Band Nr. 446
Wolfgang Lauter
Treppen
Mit einem Nachwort von Kyra Stromberg. 82 farbige Abbildungen, 167 Seiten, 19,80 DM

Band Nr. 448
*Mireille Vautier /
Aline de Nanxe*
Die zweite Dimension
Wandmalereien in Los Angeles. Mit einem Vorwort von Aline de Nanxe. 79 farbige Abb., 128 S., 24,80 DM

Band Nr. 449
Das erotische Imago
Der Akt in frühen Fotografien. 105 meist farbige Abb., 208 Seiten, 24,80 DM

Band Nr. 450
Jürgen Spohn
Nocturno Veneziano
Mit einer Einführung und weiteren Texten des Künstlers. 70 farbige Abbildungen, 130 Seiten, 24,80 DM

Band Nr. 451
*Lothar Alker/
Norbert Fischer*
Wolken
Mit Texten aus den Werken Goethes und den Schriften romantischer Dichtung. 41 farbige Abbildungen, 127 Seiten, 19,80 DM

Band Nr. 452
Jost Schilgen
Stille Tage auf Sylt
Mit literarischen Texten. 79
farbige Abbildungen, 118
Seiten, 24,80 DM

Band Nr. 455
Ludwig Hoerner
**Eine Fotoreise
durch das
alte Japan**
Mit einem Nachwort von
Ingrid Siegmund-Rux. 74
farbige Abbildungen, 174
Seiten, 24,80 DM

Band Nr. 457
Thunar Jentsch
Cologne Graffiti
Mit einem Nachwort des
Herausgebers. 86 farbige
Abbildungen, 129 Seiten,
24,80 DM

Band Nr. 459
Rolf D. Schwarz
Göreme
129 farbige Abbildungen,
184 Seiten, 24,80 DM

Band Nr. 466
Wolfgang Lauter
Ladeneingänge
87 Abbildungen, 167 Seiten,
19,80 DM

Band Nr. 471
Klaus D. Appuhn
Graffiti II
84 Abbildungen, 177 Seiten,
19,80 DM

Band Nr. 472
Jens Schumann
Kunst-Körper
80 Abb., 135 S., 19,80 DM

Band Nr. 476
Jürgen Spohn
Relikte
Ein Fotoessay des Berliner
Künstlers. Mit einem Nach-
wort von Julius Posener.
88 Abbildungen, 156 Seiten,
19,80 DM

Band Nr. 478
Helge Classen
Im Lichte der Toskana
Mit literarischen Zitaten und

einem Nachwort von Claretta
Cerio. 98 Farbfotos, 162 Seiten, 24,80 DM

Band Nr. 479
Carlo Schellemann
**Irisches
Bilderbuch**
Mit klassischen Irlandtexten
von Mathias Jung (Hrsg.). 79
Farbfotos und Skizzen, 153
Seiten, 24,80 DM

Band Nr. 480
Jürgen Spohn
London Life
Ein Foto-Essay und ausge-
wählte literarische Texte.
113 Farbfotos, 157 Seiten,
24,80 DM

Band Nr. 481
Erwin Fieger
Inseln der Stille
Mit einer Textauswahl des
Photographen.
112 Farbfotos, 223 Seiten,
24,80 DM

Band Nr. 483
Rolf D. Schwarz
Nilabwärts
93 Farbfotos, 146 Seiten,
24,80 DM

Band Nr. 490
Folker Reichert
Diesseits der Mauer
Bilder aus China. Mit einfüh-
renden Texten des Autors.
Ca. 100 Farbfotos, ca. 200
Seiten, ca. 24,80 DM
Erscheint Oktober 1986

Band 491
Jost Schilgen
Melancholie
Mit literarischen Zitaten von
Gottfried Benn, Denis Dide-
rot, Gottfried Keller, Thomas
Mann u. a. Ca. 190 S., ca.
24,80 DM
Erscheint Oktober 1986

Band Nr. 494
Erwin Fieger
Voilà Paris
Mit literarischen Zitaten von
Ludwig Börne, Melchior
Grimm, Victor Hehn, Rainer
Maria Rilke u. a. Ca. 140

Farbfotos, ca. 190 Seiten,
ca. 24,80 DM
Erscheint Oktober 1986

Band Nr. 495
Erwin Fieger
Salve Firenze
Mit literarischen Zitaten von
Ariosto, Boccaccio, Dickens,
Tieck u. a. Ca. 140 Farbfotos,
ca. 190 S., ca. 24,80 DM
Erscheint Oktober 1986

Band Nr. 496
Wolfgang Lauter
Licht
Ein Foto-Essay
Mit Texten von Borchert,
Hesse, Kaschnitz, Saint-Exu-
péry u. a. Ca. 140 Farbfotos,
ca. 190 Seiten, ca. 24,80 DM
Erscheint Januar 1987

Band Nr. 497
Jens Schumann
Kreta
Eine Fotoreise. Mit literari-
schen Zitaten von Kästner,
Kazantzakis, Miller, Prevela-
kis u. a. Ca. 130 Farbfotos,
ca. 160 Seiten, ca. 24,80 DM
Erscheint Januar 1987

Band Nr. 498
Heiner Sadler
Brücken
Eine Fotoreise. Ca. 100 Farb-
fotos, ca. 160 Seiten, ca.
24,80 DM
Erscheint Januar 1987

Band Nr. 501
*Wilhelm R. Berger / Conrad
Schumacher*
**Lanzarote – Durchquerung
des Schweigens**
Mit lyrischen Texten und
einem Nachwort von Wil-
helm R. Berger. 49 Farbfo-
tos, ca. 120 Seiten, ca. 19,80
DM
Erscheint Januar 1987

Band Nr. 503
Hans Christian Adam
Bretagne
Mit einem Reise-Essay des
Autors und literarischen Zi-
taten. Ca. 100 Farbfotos, ca.
190 Seiten, ca. 24,80 DM
Erscheint Januar 1987

Plakate und Gebrauchsgraphik

Band Nr. 48
Andreas & Angela Hopf
Alte Exlibris
237 Seiten, 220 Abbildungen, davon 32 in Farbe,
16,80 DM

Band Nr. 69
Robert Lebeck (Hrsg.)
Reklame-Postkarten
Nachwort von Jürgen Kesting. 176 Seiten, 80, überwiegend farbige Abbildungen, 16,80 DM

Band Nr. 91
Ruth Malhotra
Manege frei
Artisten- und Circusplakate von Adolph Friedländer. 296 Seiten, 128 farbige Abbildungen, 19,80 DM

Band Nr. 127
Fritz Bernhard
Ballspenden
Farbfotos von Elke Dröscher. 247 Seiten, 120 farbige Abbildungen, 19,80 DM

Band Nr. 134
Reingard Witzmann
Freundschafts- und Glückwunschkarten aus dem Wiener Biedermeier
Herausgegeben vom Historischen Museum der Stadt Wien.
193 Seiten, 113 farbige Abbildungen, 19,80 DM

Band Nr. 153
Ruth Eder
Theaterzettel
251 Seiten, 120 Abbildungen, 12,80 DM

Band Nr. 165
Frieder Mellinghoff (Hrsg.)
Plakatanschlag für Friedrich Schiller
Theaterplakate deutschsprachiger Bühnen 1900–1980.
Einführung von Cornelia Naumann.
175 Seiten, 80, teilweise farbige Abbildungen, 14,80 DM

Band Nr. 194
Ruth Malhotra
Horror-Galerie
Ein Bestiarium der Dritten Französischen Republik. 180 Seiten, 51 farbige Abbildungen, 16,80 DM

Band Nr. 197
Werner Bokelberg (Hrsg.)
Vending Machine Cards
Pin-up-Girls von gestern. Nachwort von Michael Naumann. 171 Seiten, 79 farbige Abbildungen, 16,80 DM

Band Nr. 215
Dieter Amman
Polnische Plakatkunst
153 Seiten, 70 farbige Abbildungen, 16,80 DM

Band Nr. 226
Frieder Mellinghoff (Hrsg.)
Aufbruch in das mobile Jahrhundert
Verkehrsmittel auf Plakaten. 163 Seiten, 75 farbige Abbildungen, 19,80 DM

Band Nr. 230
Robert Lebeck (Hrsg.)
Alte Reklame Made in USA
Nachwort von Gerhard Kaufmann. 164 Seiten, 80 farbige Abbildungen, 16,80 DM

Band Nr. 238
Andreas & Angela Hopf
Erotische Exlibris
174 Seiten, 82, teils farbige Abbildungen, 16,80 DM

Band Nr. 252
Ulrich Feuerhorst/ Holger Steinle
Email-Plakate
96 Seiten, 70 farbige Abbildungen, 16,80 DM

Band Nr. 285
Max Schönherr/ Johann Ziegler
Aus der Zeit des Wiener Walzers
Titelblätter von Tanzkompositionen der Walzerfamilie Strauß.
227 Seiten, 100, teils farbige Abbildungen, 14,80 DM

Band Nr. 286
Reinhard Stach
Bilder aus der Schule
Wandbilder aus hundert Jahren. 174 Seiten, 70 farbige Abbildungen, 16,80 DM

Band Nr. 294
Erich J. May
Auf Mark und Pfennig
Rechnungsformulare aus alter Zeit. 175 Seiten, 78 meist farbige Abb., 16,80 DM

Band Nr. 334
Seht her, Genossen!
Plakate aus der Sowjetunion. Nachwort von Klaus Waschik.
204 Seiten, 83 farbige Abbildungen, 19,80 DM

Band Nr. 347
Herbert Fleissner (Hrsg.)
Kauft Bücher!
Verlagsplakate um die Jahrhundertwende. Nachwort von Frieder Mellinghoff. 97, meist farbige Abbildungen, 120 Seiten, 19,80 DM

Band Nr. 387
Magdalena M. Moeller (Hrsg.)
Plakate für den blauen Dunst
Reklame für Zigarren und Zigaretten. 86 farbige Plakate, 156 Seiten, 19,80 DM

Band Nr. 430
Lotte Maier
Reklame-Schau
Plakatkunst en miniature. 100 farbige Abbildungen, 108 Seiten, 19,80 DM

Band Nr. 434
Udo Andersohn
Automobil-Geschichte in alten Anzeigen
123 z. T. farbige Abbildungen, 208 Seiten, 19,80 DM

Band Nr. 435
Hans Bohrmann (Hrsg.)
Politische Plakate
Mit ausführlichen Kommentaren des Herausgebers. 468 Abbildungen, 695 Seiten, 29,80 DM